手紙がかわいく変身!

おりがみ ♥ おてがみ

たかはしなな

日本文芸社

もくじ

3 　折りかたのルール

part 1 ちょこっとイラストでかわいい！

- 4 　7人のこびとたち
- 6 　キュートな星のてんとうむし
- 8 　パタパタことり＆すいすいおさかな
- 12 　ゆらゆらジューシーフルーツ
- 13 　ないしょだよ！ ふせんおてがみ
- 14 　カラフルいろえんぴつ
- 16 　キュートなはりねずみ
- 18 　おすましスコティッシュテリア
- 20 　ラブリーいちごのショートケーキ
- 22 　こわくない？ いやし系おばけ
- 24 　ファッション大好きおしゃれガール
- 28 　Happyとどけるちょうちょレター
- 30 　ほんわか、のほほんアニマル
- 32 　ちょこっとアイデア❶　便利グッズでもっとかわいく！

part 2 おしゃれモチーフでいつでもかわいい！

- 34 　キラキラ☆コロコロほし
- 36 　ひみつのポケットハート
- 38 　くるるんソフトクリーム
- 40 　ホントにつけたいキラカワリング
- 42 　パリジェンヌのガーリーリボン
- 44 　メルヘンきのこがいっぱい
- 46 　どれがおいしい？ プチりんご
- 48 　おしゃカワくつした
- 50 　プリンセスワンピース
- 52 　スイートコスモス＆ハッピーローズ
- 56 　ちょこっとアイデア❷　便せん＆ノートをもっとかわいく！

part 3 シーンに合わせてもっとかわいい！

- 58 　おめでとう！ バースデーケーキ
- 62 　がんばって！ おまもり
- 64 　プレゼントだよ！ 小さなおうち
- 68 　パーティーしよ！ ポット＆カップ
- 71 　ちょこっとアイデア❸　デコ文字でもっとかわいく！

折りかたのルール

この本で使う折りかたの記号を紹介します

谷折り

折り目の線が内側になるように折ります。

山折り

折り目の線が外側になるように折ります。

折りすじをつける

一度折って、もとに戻して折り目をつけます。

広げる

矢印のさすところに指を入れ、広げながらつぶすように折ります。

段折り

谷折りと山折りを交互にします。

中わり折り

中におしこむように折ります。

うらがえす

うらがえす

おもてとうらをひっくり返します。

向きをかえる

上下の向きをかえる

90°や180°紙の向きをかえます。

7人のこびとたちの折りかた

使う紙
正方形
(参考サイズ 7.5×7.5cm)

1 1/3ぐらいのところを折る。

2 半分に折って、折りすじをつける。

3 中心に向かって折る。

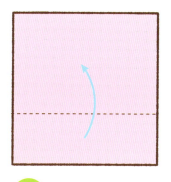
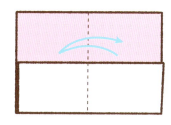
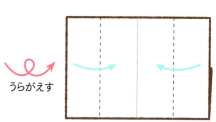

4 三角に折る。

5 中に折る。

6 顔をかく。

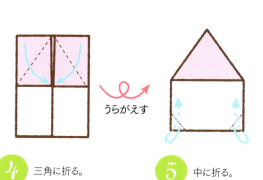

part 1 ちょこっとイラストでかわいい！

キュートな星の
てんとうむし

ふしぎな模様のてんとうむし
今にもチョロチョロ
動きそう！

キュートな星のてんとうむしの折りかた

使う紙
正方形
(参考サイズ 15×15cm、7.5×7.5cm)

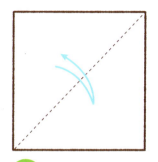

1 ななめに折りすじをつける。

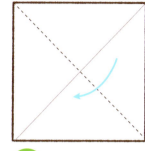

2 三角に半分に折る。

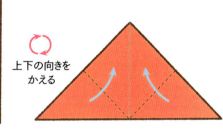

上下の向きをかえる

3 まん中に合わせて折る。

4 いちばんうしろの1枚を残して角を折る。

5 折った部分を半分くらい中に折りこむ。

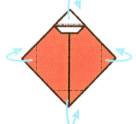

6 角を4つともうしろに折る。

7 上の部分をうしろに向けななめに折る。

できあがり！

8 顔やもようをかく。

part1 ちょこっとイラストでかわいい！

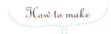 **How to make**

パタパタことりの折りかた

使う紙
正方形
(参考サイズ 7.5 × 7.5cm)

① 三角に半分に折る。

② 上の1枚だけ1/3ぐらいで折る。

③ 先を段折りにする。

④ 半分に折る。

⑤ ななめに折り上げる。

⑥ 内側に折る。うらも同様に折る。

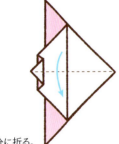

⑦ 尾ばねの部分をひらいて内側で段折りにする。

＼できあがり！／

⑧ 顔をかく。

すいすいおさかな の折りかた

使う紙
正方形
（参考サイズ 7.5 × 7.5cm）

① 三角に半分に折る。

② 半分に折る。

③ ひらいて折りたたむ。

④ ❸を折ったところ。うらも同様に折る。

うらがえす

⑤ 手前とうらを折り下げる。

⑥ 角を内側に折りこむ。うらも同様に折りこむ。

⑦ 手前を折り上げる。うらも同様に折り上げる。

⑧ 尾ひれを手前に折る。

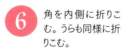
うらがえす

⑨ 尾ひれを手前に折る。

⑩ 尾ひれの前後を入れかえる。

⑪ 口元の角を中わり折りにする。

⑫ 顔をかく。

できあがり！

part 1　ちょこっとイラストでかわいい！

ゆらゆら ジューシーフルーツ

テーブルの上で ゆらゆらかわいい フルーツたちです

How to make

ゆらゆらジューシーフルーツの折りかた

1. 紙コップの底などで円をかき、切り取る。
2. 半分に折る。
3. 種や顔をかく。

できあがり！

使う紙
正方形
(参考サイズ 7.5 × 7.5cm)

さくらんぼの 折りかた

1. 紙を半分に折る。
2. ペットボトルのふたを折ったところぎりぎりに置き、円をかく。
3. はしを残して丸く切り抜く。
4. 2つつくり、マスキングテープのくきと葉でつなぐ。

ないしょだよ！ ふせんおてがみ

ひみつのメッセージを
かくしてわたそう

How to make

ないしょだよ！ ふせんおてがみの折りかた

使う紙
ふせん
(参考サイズ 5×7.5cm)

1 ふせんの下のほうに絵をかく。絵に合わせて、ふせんの半分くらいまで切れ目を入れる。

2 切れ目より上に、ないしょのメッセージをかいて折る。

できあがり！

3 切れ目の部分にはしをはさむ。

part 1 ちょこっとイラストでかわいい！

カラフルいろえんぴつの折りかた

使う紙
長方形と正方形
（参考サイズ 7×10cm、8×8cm）

① たて半分に折りすじをつけ、まん中に合わせて角を折る。

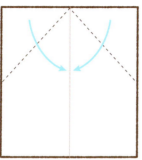

② まん中に合わせて両はしを折る。

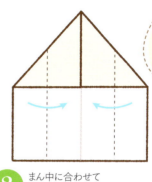

4でまく紙の色としんの色をソロえるといろえんぴつっぽい！

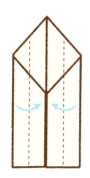

③ まん中に合わせて両はしを折る。

うらがえす

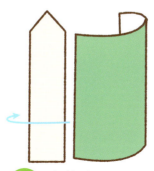

④ 別の紙をまいて、うしろをテープでとめる。

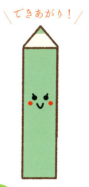

できあがり！

⑤ しんの先をぬる。顔をかいてもOK。

part 1 ちょこっとイラストでかわいい！

キュートな はりねずみ

コロンとしたフォルムが
かわいいはりねずみ
手にのせても痛くないね

キュートなはりねずみの折りかた

使う紙
正方形
(参考サイズ 7.5 × 7.5cm)

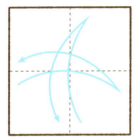

1 たてよこ半分に折りすじをつける。

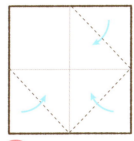

2 3つの角をまん中に向けて折る。

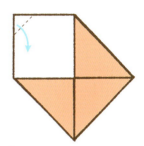

3 先を少し折る。

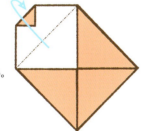

4 うしろに折る。

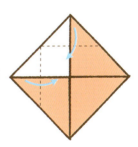

5 角をまん中に向けて折る。

6 半分に折る。

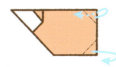

7 角を中に折りこむ。

\ できあがり！/

8 顔をかく。

part 1 ちょこっとイラストでかわいい！

おすまし スコティッシュテリア

SCOTTISH TERRIER

おしゃれなパリジェンヌが
かっていそうなテリア
わんこが好きなあの人に……

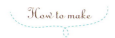

おすましスコティッシュテリアの折りかた

使う紙
正方形
(参考サイズ 7.5 × 7.5cm)

① まん中に合わせて折る。

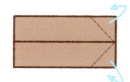

② 右はしをうしろに折る。

③ 角を折って、折りすじをつける。

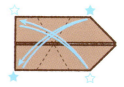

④ ★と☆がそれぞれ合うように折って、折りすじをつける。

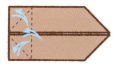

⑤ 角をまん中に合わせて折り、さらによこに折って、折りすじをつける。

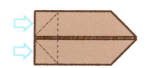

⑥ 左はしを折りひろげる。

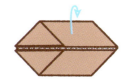

⑦ 半分に折る。

⑧ 耳の部分がちょっと出るように折る。うらも同様に折る。

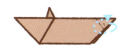

⑨ しっぽの部分を中わり折りにする。

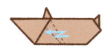

⑩ ③、④でつけた折りすじに合わせて段折りにする。

⑪ 鼻の先を中わり折りにし、耳の先も少し折る。

⑫ 顔をかく。

できあがり！

part 1 ちょこっとイラストでかわいい！

 How to make

ラブリーいちごのショートケーキの折りかた

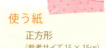
使う紙
正方形
（参考サイズ 15×15cm）

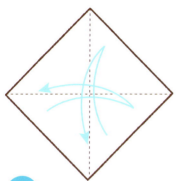
① ななめ半分に折りすじをつける。

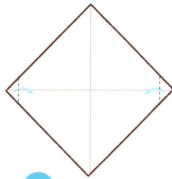
② 左右の角を少し折る。

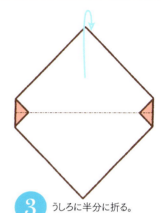
③ うしろに半分に折る。

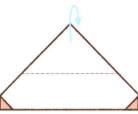
④ 三角がとび出すように折る。

うらがえす

上下の向きをかえる

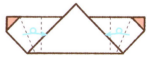
⑤ 左右の赤い三角の部分が上に出るように、2回折りたたむ。

うらがえす

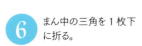
⑥ まん中の三角を1枚下に折る。

⑦ もようをかく。

できあがり！

part 1 ちょこっとイラストでかわいい！

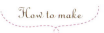

こわくない？ いやし系おばけ の折りかた

使う紙
長方形
（参考サイズ 10 × 15cm）

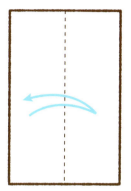

1 たて半分に折りすじをつける。

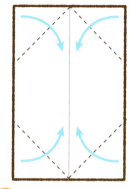

2 折って、角をまん中に合わせて折る。

3 まん中に合わせて折る。

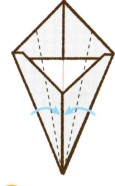

4 両はしをまん中に合わせて折る。

5 上の先を少し折る。

うらがえす

6 下をななめに段折りにする。

できあがり！

7 顔をかく。

part 4 ちょこっとイラストでかわいい！

ファッション大好き
おしゃれガール

何色と何色を組み合わせる？
組み合わせる色や表情で
いろいろな女の子ができるよ

How to make

ファッション大好きおしゃれガール の折りかた

使う紙
正方形の色の違う紙を2枚
（参考サイズ 15 × 15cm）

頭 **体**

① 折りがみ2枚を半分に切る。

② テープではりあわせる。
うらがえす

白い面が顔になるので
テープは色がついているほうにはろう。
マスキングテープもおすすめ！

③ 上の部分を2回折る。

④ 下の部分をまん中に合わせて折る。

⑤ ★の部分を3cmくらいあけてななめに折る。

6 折った部分を下の部分に入れこむ。

7 左右にはみだした角を中に折る。

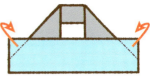

8 うしろに折る。

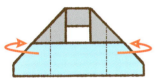

うらがえす

9 片方をもう片方に入れこむ。

うらがえす

10 下の角を中に折りこむ。

11 顔をかく。

できあがり！

好きなもようをかいてみよう

かわいい柄の包装紙でアレンジ

ただのノートでもカラーペンでおしゃれに！

part 1 ちょこっとイラストでかわいい！

Happyとどける ちょうちょレター

昔ながらの折りかたを
ガーリーにアレンジ！
レトロかわいい
ちょうちょです

ヨンデネ♥

Happyとどけるちょうちょレターの折りかた

使う紙
正方形
(参考サイズ 15×15cm)

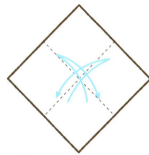

① たてよこ半分に折って、折りすじをつける。

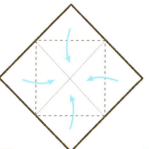

② 角をまん中に合わせて折る。

③ 中心に合わせた角を折る。

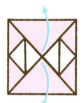

④ 上下をひろげる。

⑤ 上下の角を折りすじに合わせて折る。

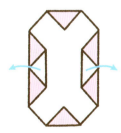

⑥ 左右をひろげる。

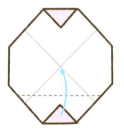

⑦ 下をまん中に合わせて折る。

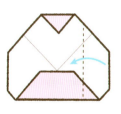

⑧ 右をまん中に合わせて折る。

⑨ 上をまん中に合わせて折る。

⑩ 左をまん中に合わせて折る。

⑪ ★の部分が入りこむようにする。

できあがり！

⑫ 触覚などをかく。

part 1 ちょこっとイラストでかわいい！

ほんわか、のほほんアニマル の折りかた

使う紙
正方形
(参考サイズ 15×15cm、7.5×7.5cm)

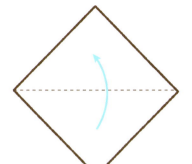

① 三角に折る。

② さらに三角に折る。

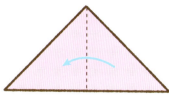

③ ひろげながらつぶすように折る。

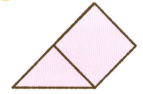

④ ③を折ったところ。うらも同様に折る。

上下の向きをかえる

⑤ 中の紙を上にもち上げるように折る。

⑥ もういっぽうも同様に折る。

⑦ 下の角を内側に折る。

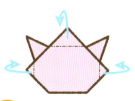

⑧ 上の角をうしろに折る。左右の角は内側に折りこむ。

\ できあがり！ /

⑨ 顔をかく。

part 4 ちょこっとイラストでかわいい！

ちょこっとアイデア ① 便利グッズでもっとかわいく!

➡ P.52-53　スイートコスモス&ハッピーローズ

白ペンでもようをかくともっとかわいい。

白ペン

濃い色の紙に、もようや文字がかけるよ。

なみなみばさみ

はさみでカットしたところがフリルになるよ。

➡ P.28　Happyとどけるちょうちょレター

ちょうちょの羽の部分をなみなみばさみでカット。

マスキングテープ

貼ってもようにしたり、リボン代わりにしたり、いろいろ使って。

➡ P.50　プリンセスワンピース

無地の紙もこんなにかわいくなっちゃう。

キラキラシール

ふつうのノートもかわいく変身!
100円均一のお店でも手に入るよ。

➡ P.40　ホントにつけたいキラカワリング

キラキラシールをはるとゴージャスに……。

丸シール

ちょっとかきたすだけで、かわいいイラストが完成！

丸シールをいろいろ使おう

メッセージ
丸シールに、ひと文字ずつメッセージをかいて楽しげに。

目とほっぺ
白い丸シールに目をかいて、ピンクや赤の丸シールをほっぺに。かんたんにかわいいキャラクターができちゃう。

あおむしくん
みどりの丸シールをつなげて顔をかくと……キュートなあおむしくんに！

てんとうむし
赤の丸シールに、ドットをかくだけで、あっというまにてんとうむし。

顔をかく
絵文字ふうに使えそう。

パンチで切りぬく
大きめの丸シールをかわいいパンチで切りぬいてもかわいい。

part 2
おしゃれモチーフで いつでもかわいい！

キラキラ★コロコロほし

難しそうに見えるけど
意外とかんたん♪
たくさんつくりたくなるね

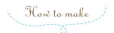

キラキラ★コロコロほしの折りかた

使う紙
細く切ってリボン状にテープで
つなげた紙
（参考サイズ 2 × 60cm）

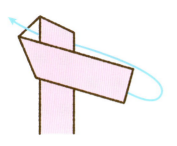

① 細く切った紙をテープではりあわせてリボン状にする。はしに輪をつくって結ぶ。

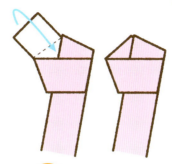

② 短くとび出た部分を中心に折りこむ。

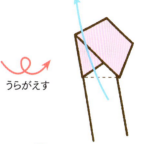

③ 長い部分を五角形の辺に合わせて折る。

④ 五角形のふちに合わせて巻きつけていく。

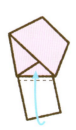

⑤ さいごにあまった部分を中に折りこむ。

⑥ それぞれの辺を横から軽くつぶすようにおす。

でき あがり！

メッセージが長く続いて
読むのが楽しい♪

part 2 おしゃれモチーフでいつでもかわいい！

ひみつのポケットハートの折りかた

使う紙
正方形
(参考サイズ 15 × 15cm)

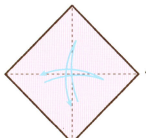

1. ななめ、たてよこ半分に折りすじをつける。

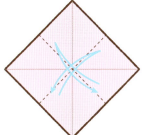

2. 上下の角をまん中に合わせて折る。

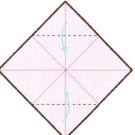

3. 半分に折る。

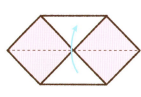

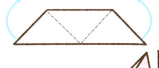

4. 左右の角をもち上げるように折る。

5. 上の角をまん中に合わせて折り、折りすじをつける。

6. 折りすじに合わせて中わり折りにする。

借りたヘアピンとか小さいものが入るよ！

7. 内側の角に折りすじをつける。

8. 折りすじに合わせて内側に折る。

9. 左右の角を内側に折る。うら側も同様に折る。

できあがり！

part 2 おしゃれモチーフでいつでもかわいい！

くるるん
ソフトクリーム

スイーツの食べ歩きの
お誘いにぴったり!?

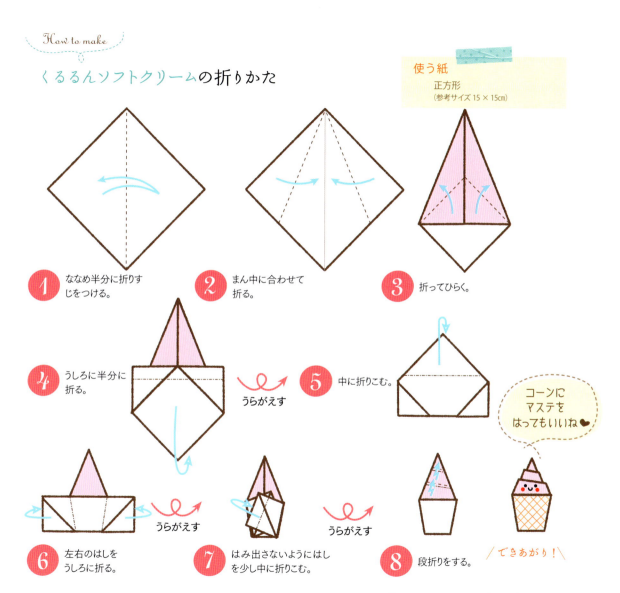

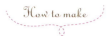

ホントにつけたいキラカワリングの折りかた

使う紙
長方形
（参考サイズ 7.5 × 15cm）

1 折りすじをつける。

2 まん中に合わせて折る。

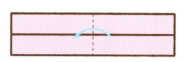

3 半分に折る。

4 角を折って折り目をつけてもどす。

5 半分に折り、角を三角にひらいてつぶす。

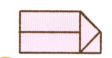

6 うら側も同様に折る。

7 手前側を半分に折る。うら側も同様に折る。

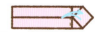

8 両はしをまん中に合わせて折る。

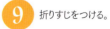

9 折りすじをつける。

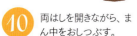

10 両はしを開きながら、まん中をおしつぶす。

できあがり！

11 はしをテープでとめる。

指にはめて遊べるよ！

ワー おっきなリング！！ イイネ ♥♥

part 2 おしゃれモチーフでいつでもかわいい！ 41

パリジェンヌのガーリーリボン の折りかた

使う紙
長方形
(参考サイズ 7.5 × 15cm)

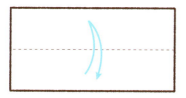

1. 折りすじをつける。

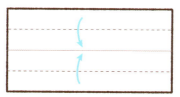

2. まん中に合わせて折る。

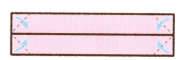

3. 角を折る。

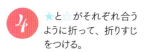

4. ★と☆がそれぞれ合うように折って、折りすじをつける。

5. 両はしをまん中に合わせて折って、折りすじをつける。

6. 折りすじにそって段折りにする。

メッセージをかいても楽しい♡

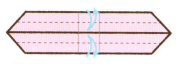

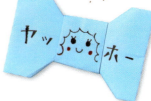

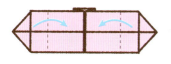

7. 両はしをまん中に合わせて折る。

8. 角を折りつぶす。

うらがえす

できあがり！

part 2 おしゃれモチーフでいつでもかわいい！

メルヘンきのこがいっぱいの折りかた

使う紙
長方形
(参考サイズ 10 × 15cm)

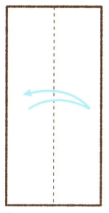

① たて半分に折りすじをつける。

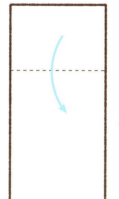

② 上を1/3くらいのところで折る。

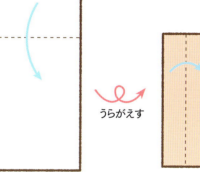

③ まん中に合わせて両はしを折る。

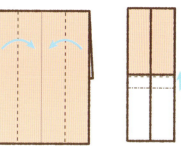

④ 段折りにする。

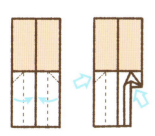

⑤ 両はしをまん中に合わせて折り、角は三角に折りつぶす。

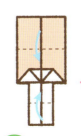

⑥ 上と下を半分に折る。

⑦ 角を中に折りつぶす。

いろんな顔にしてみよう

できあがり！

part 2 おしゃれモチーフでいつでもかわいい！ 45

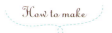 How to make

どれがおいしい？ プチりんご

使う紙
正方形
(参考サイズ 7.5 × 7.5cm)

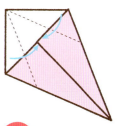

1 ななめ半分に折りすじをつける。

2 折りすじに合わせて折る。

3 まん中に合わせて折る。

4 上に折り上げる。

5 段折りにする。

6 中心に合わせて折る。角は三角に折りつぶす。

7 先を折る。

できあがり！

洋なしの折りかた

1 ❶〜❹まで折る。

2 上のほうで段折りにする。

3 ❻と同じように折ったらできあがり。

おしゃカワ
くつした

おしゃれな柄のくつしたは
両方そろえると
もっとかわいいね

おしゃカワくつしたの折りかた

使う紙
長方形
（参考サイズ 7.5 × 10cm）

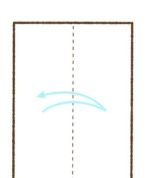

① たて半分に折りすじをつける。

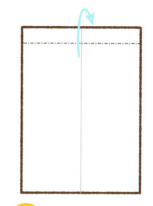

② 上の部分をうしろに折る。

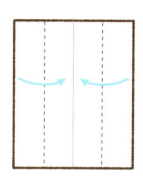

③ 両はしをまん中に合わせて折る。

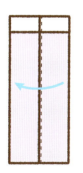

④ 半分に折る。

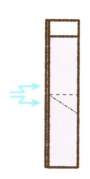

⑤ まん中あたりを、中わり折りにする。

⑥ 先を中に折りつぶす。

\できあがり！/

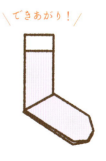

part 2 おしゃれモチーフでいつでもかわいい！ 49

プリンセスワンピースの折りかた

使う紙
長方形
(参考サイズ 10×15cm)

① たて8等分に折りすじをつけて、上にも同じ幅で折りすじをつける。両はしをすじに合わせて折る。

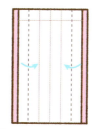
② 両はしを2つめの折りすじで折る。

③ 上の部分を折りすじで折り、角を三角に折りひろげる。

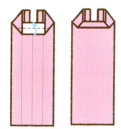
④ 折りひろげたところを半分に折る。

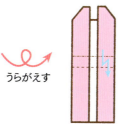
⑤ 半分ぐらいのところで段折りにする。

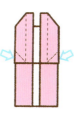
⑥ 上の部分をまん中に合わせて折る。角は三角に折りつぶす。

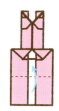
⑦ 下の部分を半分に折る。

⑧ 肩ひもになる部分とスカートになる部分の角を折る。

できあがり！

マステでデコるとカワイイ♥

シールやマステでかざってもかわいい！

2つのお花をご紹介
いっぱい折って
花束みたいにしても
かわいいかも

 How to make
スイートコスモスの折りかた

使う紙
正方形
(参考サイズ 15 × 15cm)

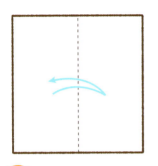
① たて半分に折りすじをつける。

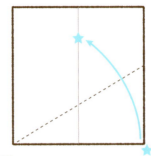
② ★と折りすじの★が合うように折る。

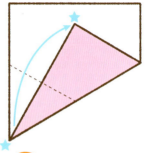
③ ★と★が合うように折る。

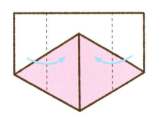
④ 両はしをまん中に合わせて折る。

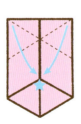
⑤ 角を★に合わせて折る。

できあがり！
⑥ まん中をシールでとめる。

ペンでもようをかこう！
白ペンがカワイイよ♥

ハッピーローズの折りかた

使う紙
正方形
(参考サイズ 15×15cm)

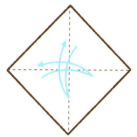
① ななめに折りすじをつける。

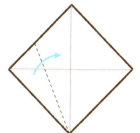
② 折りすじに合わせてななめに折る。

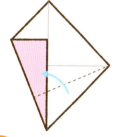
③ 折りすじに合わせてななめに折る。

④ 袋をひらいてつぶす。

⑤ まん中にむけてななめに折る。

⑥ 袋をひらいてつぶす。

⑦ まん中にむけてななめに折る。

⑧ 袋をひらいてつぶす。

⑨ ⑧で折ったところを下に入れる。

⑩ 袋をひらいてつぶす

⑪ ⑩で折ったところを中に入れる。

⑫ まん中の角を三角に折る。

便せん＆ノートをもっとかわいく！

なみなみばさみとパンチでレースペーパー

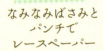

なみなみばさみで、丸や四角に切り取って、パンチでふちに穴をあけると、おしゃれなレースペーパーに。

紙を折って切りとってレースペーパー

けしごむつきえんぴつで水玉スタンプ

えんぴつの後ろのけしごむに、好きな色のインクをつけて押していくと、ドット柄がかんたんにできるよ！

イラストでかわいく

p.28のHappyとどけるちょうちょレターやp.36のひみつのポケットハートに入れてもいいね！

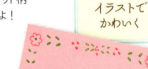

カラーペンで、ちょこっとイラストを入れるだけでポイントになる！

part 3
シーンに合わせて もっとかわいい！

みんなでろうそくに
メッセージをかいたら
ケーキに
さしておくろう！

おめでとう！ バースデーケーキの折りかた

使う紙
長方形
(参考サイズ 10 × 15cm)

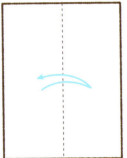

① たて半分に折って折りすじをつける。

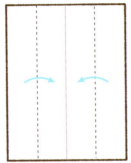

② まん中に合わせて折る。

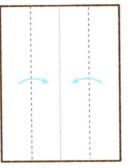

③ 1/3ぐらいのところで段折りにする。

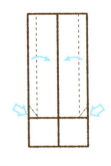

④ 左右を少し折って細くし、角は三角に折りつぶす。

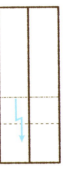

⑤ 1/3ぐらいのところで段折りにする。

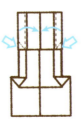

⑥ ④と同じように左右を少し折って細くし、角は折りつぶす。

うらがえす

できあがり！

⑦ かざりをかく。

ろうそく

使う紙
正方形
（参考サイズ 5×5cm）

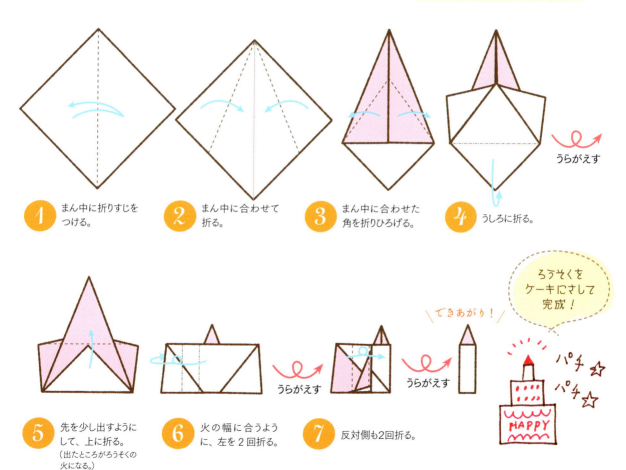

1. まん中に折りすじをつける。
2. まん中に合わせて折る。
3. まん中に合わせた角を折りひろげる。
4. うしろに折る。
5. 先を少し出すようにして、上に折る。（出たところがろうそくの火になる。）
6. 火の幅に合うように、左を2回折る。
7. 反対側も2回折る。

できあがり！

ろうそくをケーキにさして完成！

がんばって！ おまもりの折りかた

使う紙
長方形
（参考サイズ 7.5 × 15cm）

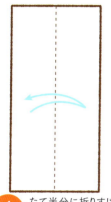

① たて半分に折りすじをつける。

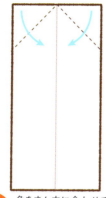

② 角をまん中に合わせて折る。

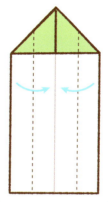

③ まん中に合わせて折る。

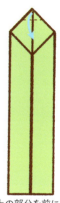

④ 上の部分を前に折る。

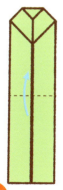

⑤ 半分に折る。

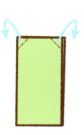

⑥ 上の角を中に折る。

⑦ 上部の三角を手前の袋の中に入れる。

ひもを通したりテープでかざったりするとほんもののおまもりみたい！

できあがり！

part3 シーンに合わせてもっとかわいい！

プレゼントだよ！ 小さなおうちの折りかた

使う紙
正方形
(参考サイズ 15×15cm、7.5×7.5cm)

 イエ

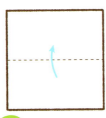

① 半分に折る。

② 上から6ミリくらいのところを折る。

③ 半分に折る。

④ 右はしの6ミリくらいのところを折る。

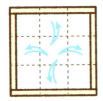

 うらがえす

⑤ ひらいて上下左右②と④の折りすじで折り、3等分の折りすじをつける。

 うらがえす

⑥ ななめに折りすじをつける。

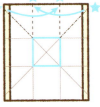

⑦ 上下の折ったところをひらいて、底の部分を残すように、★と☆をそれぞれ合わせて折りたたむ。

⑧ 上のでっぱった部分を前に折る。

⑨ 反対側も同様に折る。

できあがり！

ヤネ

使う紙
正方形
(参考サイズ 15 × 15cm、7.5 × 7.5cm)

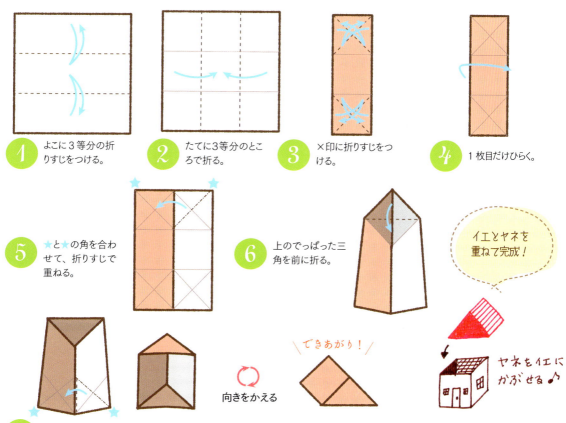

1. よこに3等分の折りすじをつける。
2. たてに3等分のところで折る。
3. ×印に折りすじをつける。
4. 1枚目だけひらく。
5. ★と★の角を合わせて、折りすじで重ねる。
6. 上のでっぱった三角を前に折る。
7. 反対側も同様に折る。

向きをかえる

できあがり！

イエとヤネを重ねて完成！

ヤネをイエにかぶせる♪

part 3 シーンに合わせてもっとかわいい！

How to make パーティしよ！ ポット&カップ の折りかた

使う紙
正方形
（参考サイズ 15×15cm）

ポット

1 p.11「すいすいおさかな」の❶〜❼まで折る。折りすじをつける。

2 ひらいて折りたたむ。

3 うら側も同様に折る。

4 そそぎ口になる部分を中わり折りにする。 上下をひっくり返す

5 さらに上をむくように中わり折りにする。

6 とってになる部分を中わり折りにして、先を内側に折りこむ。

7 前は半分に折ってさらに上に折り上げる。

8 うしろを上に折り上げる。

9 はみ出した部分を2回折って前にかぶせる。 うらがえす

10 角を折る。 うらがえす

11 底に折り目をつける。

12 底をつぶすように折る。

できあがり！

part 3 シーンに合わせてもっとかわいい！

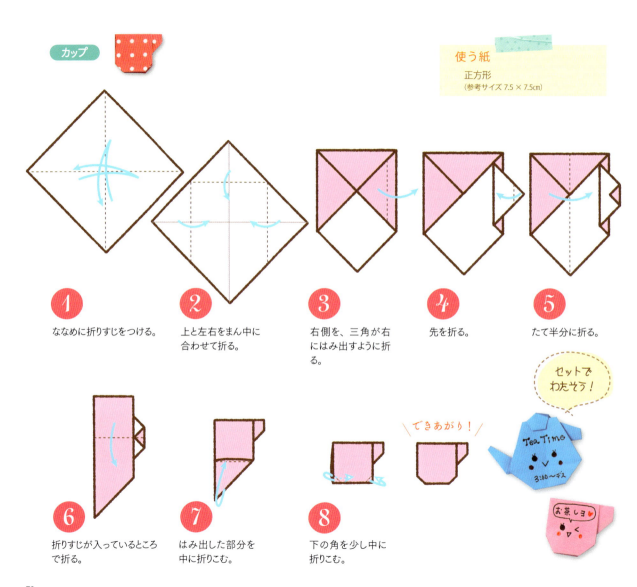

ちょこっとアイデア ③ デコ文字でもっとかわいく！

ふきだしにフリルをつけてかわいく

文字のはしをドットにするだけでオシャレに

文字の中をドットに
ボーダーやストライプなど
アレンジも自由自在

イラストと組み合わせて

左右の線で
いきおいを
感じさせて

リボンで囲むと
ガーリーなふんいき

ひと文字ずつふきだしに

著者

たかはしなな
（イラストレーター／ハンドクラフト作家）

大阪芸術大学卒業。
愛らしくかわいい作風で、雑誌、広告、絵本のイラストをはじめ、ペーパー雑貨制作や工作ワークショップを開催するなど、ハンドクラフトの世界でも活躍中。
著書に『おとな女子のためのオシャレかわいいイラストレッスン』（玄光社）『デコ文字イラストレッスン』（玄光社）『折り紙レター＆メモ』（メイツ出版）『7歳のなぞりおえかき』（ブティック社）など。
http://nanahoshi.com/

 スタッフ

撮影	天野憲仁（株式会社日本文芸社）
スタイリング	伊藤みき
デザイン・DTP	島村千代子
折りかたイラスト	おおしだいちこ
編集	株式会社スリーシーズン

手紙がかわいく変身！
おりがみ♥おてがみ

2015年8月31日　第1刷発行
2017年4月1日　第3刷発行

著　者　たかはしなな
発行者　中村　誠
印刷所　図書印刷株式会社
製本所　図書印刷株式会社
発行所　株式会社日本文芸社
　　　　〒101-8407　東京都千代田区神田神保町1-7
　　　　TEL 03-3294-8931（営業）　03-3294-8920（編集）
Printed in Japan　112150801-112170310 Ⓝ 03
ISBN978-4-537-21306-5
URL http://www.nihonbungeisha.co.jp/
©Nana Takahashi 2015

乱丁・落丁本などの不良品がありましたら、小社製作部宛にお送りください。送料小社負担にておとりかえいたします。法律で認められた場合を除いて、本書からの複写・転載（電子化を含む）は禁じられています。また、代行業者等の第三者による電子データ化及び電子書籍化は、いかなる場合も認められていません。

（編集担当：角田）